CW00869598

LA VÉRITABLE HISTOIRE DU PÈRE NOËL

COLETTE SEIGUE

TÉO PUEBLA

MILAN

Les rues de la ville sont habillées de guirlandes multicolores. Il y en a tant que l'on pourrait croire que toutes les étoiles du ciel sont tombées pour s'accrocher aux fenêtres...
Benoît rêve en regardant la neige blanche et douce.
Cette nuit, le Père Noël va passer !
Benoît rêve et vient se blottir dans les bras de sa maman. Il a tant de choses à lui demander...
— Maman, où habite-t-il, le Père Noël ? Et que fait-il, toute l'année, en attendant Noël ? Et comment va-t-il m'apporter les jouets que j'ai commandés ?
— Là, ne bouge plus, dit sa maman. Si tu veux, je vais t'emmener dans le pays du Père Noël ! Je vais te raconter la véritable histoire du Père Noël...

La maison du Père Noël est une toute petite maison au milieu de la neige et des glaces, loin, très loin d'ici. Et elle est si bien cachée parmi les sapins que personne ne peut la voir. Il y fait très chaud et très doux car le Père Noël est un peu douillet... Mais jamais personne n'y est entré ! Le Père Noël est un vieux bonhomme qui n'aime pas les curieux...

— Mais, maman, si je pouvais regarder par la fenêtre, tu crois que je verrais le piano mécanique que j'ai commandé ?

— Oh ! non, répond maman, tu dérangerais le Père Noël : il est dans son atelier... Devant son vieil établi, avec ses outils qui restent toujours neufs, il fabrique tous les jouets de tous les enfants du monde. Il rabote, il coupe, il frappe, il colle, il peint... Ah ! Il en a du travail !...

Mais le Père Noël vient de regarder le calendrier...
« Comment ? Nous sommes le 24 décembre ? Déjà ! » C'est vrai que depuis un an il a travaillé tous les jours pour que tous les jouets de tous les enfants du monde soient prêts.
« Vite, ma hotte ! Mais mon manteau est tout poussiéreux et mes bottes ont bien besoin de cirage... Ah ! la la ! Je n'y arriverai jamais... »
D'un coup de brosse, la poussière disparaît et le manteau retrouve son rouge éclatant, la fourrure sa couleur de neige et les bottes brillent comme un miroir.
Alors la porte s'ouvre bruyamment sous un grand coup de sabot. « Nous avons faim ! », crient Stem et Schuss, les deux rennes du Père Noël, les deux seuls rennes au monde qui sachent parler.
« Je ne vous oublie pas ! Un peu de patience, vous deux... Il faut que je mette mes bottes », répond le Père Noël en grognant.

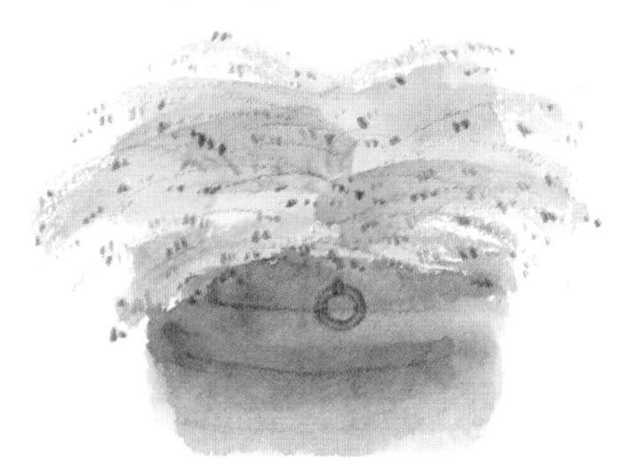

24

C'est tout un travail, pour le Père Noël, de mettre ses bottes. Cela fait un an qu'il ne les a pas enfilées, et ses pieds n'ont plus l'habitude d'être autant à l'étroit... Mais enfin, ça y est ! Le Père Noël va quitter sa maison à regret : il y fait si chaud et si doux ! Et dehors la neige est si épaisse dans le grand froid glacial ! Et il faut qu'il porte tous ces paquets... Il y en a tant et sa hotte est si lourde !

— C'est quoi, une hotte ? demande Benoît.

— C'est un grand panier d'osier qui contient tous les jouets du Père Noël. Pour marcher, il la met sur son dos. Tu vois comme elle est chargée !

Malgré la neige épaisse et le grand froid, Stem et Schuss sont tout heureux : la nuit de Noël est arrivée ! Ils vont faire leur plus belle sortie de l'année.

Le Père Noël leur a fait la grande toilette. Il les attelle en les caressant doucement. Puis il charge son traîneau magique de paquets multicolores. Il en met encore, encore et encore. « Il ne faut oublier personne ! Nous ne pourrons pas revenir, nous serons très loin cette nuit ! », dit-il à ses rennes.

— Dis, maman, il passera aussi chez nous ?

— Bien sûr ! Le Père Noël n'oublie personne...

C'est le départ ! Le Père Noël commande ses rennes.
« Cadichou, Cadichon, volez, volez mes mignons ! » Aussitôt le traîneau s'envole.
Un dernier regard vers la petite maison pour vérifier si la lumière est bien éteinte et les voilà dans le ciel tout noir... De loin, le traîneau lumineux ressemble à une étoile filante qui tinterait comme une petite clochette : « Drelin ! Drelin ! »
Le Père Noël est tout heureux, lui aussi. Alors il chante la chanson de Noël qu'il a apprise à Stem et Schuss, les deux seuls rennes au monde qui sachent chanter. Une chanson si belle qu'elle berce la lune et écarte les nuages...
— Oh ! maman, je crois que je l'entends...

Après un long, long voyage, le traîneau arrive au-dessus de la ville endormie. Il s'arrête et flotte au bord du toit d'une grande maison, comme par enchantement. Mais Stem et Schuss savent aussi faire des enchantements. Le Père Noël regarde la maison silencieuse. Il faut que toutes les lumières des fenêtres soient éteintes ! Alors, chargé de sa hotte, il entre dans la cheminée ! Mais il ronchonne un peu...
« Ouille ! Ou mon ventre est trop gros ou, cette année, les cheminées sont trop étroites ! En avant pour la glissade ! »
— Moi, j'éteindrai et je me cacherai pour voir le Père Noël, dit Benoît !
— Oh, je ne crois pas qu'il distribue des jouets aux enfants qui ne dorment pas...

Il fait bien sombre dans une cheminée ! Heureusement, le sapin est allumé. Car comment le Père Noël s'y retrouverait-il dans le noir ?

« Voyons ! Il ne faut pas que je me trompe. Caroline m'a bien demandé une dînette et Paul un robot. Hum !... Et Camille, le bébé, je ne me souviens plus... Voyons la lettre de commande... C'est bien ça : un ours mécanique ! Et, en plus, un os à musique pour Pacha, le petit chien... » Et comme ça, toute la nuit, le Père Noël passe chez tous les enfants du monde.

Mais sais-tu qu'il y a des enfants qui mettent deux carottes devant la cheminée pour Stem et Schuss, les rennes du Père Noël ?

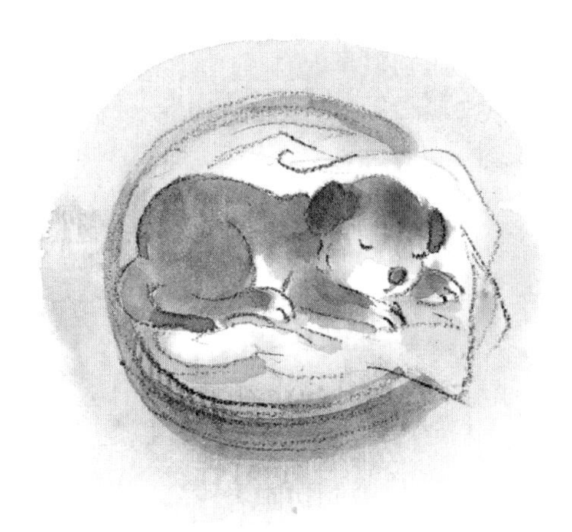

Le Père Noël a fini sa tournée.

« Au revoir, petits enfants ! Le jour se lève : nous devons rentrer ! Cadichou, Cadichon, volez, volez mes mignons ! » Et le traîneau du Père Noël s'envole doucement. Derrière lui, un gros nuage rose le cache jusqu'à ce que la ville disparaisse tout à fait. Car les enfants vont bientôt se réveiller et le Père Noël ne veut pas se montrer. Et il a encore un si long voyage à faire pour retourner dans sa petite maison, loin, loin, très loin d'ici.

— Comme j'aimerais monter dans ce traîneau, dit Benoît, en rêvant...

Après son long, long voyage de retour, le Père Noël retrouve sa maison. Il se laisse glisser avec bonheur dans son fauteuil. Il est si fatigué qu'il n'a quitté qu'une de ses bottes... Mais il sourit, tout heureux. Il songe à l'empressement de tous les enfants du monde qui, maintenant, déchirent les papiers des paquets pour découvrir leurs jouets !

« Je pense que je n'ai oublié personne... »

Stem et Schuss sont un peu tristes. Ils regardent la hotte vide avec regret... Mais ils sont aussi très fiers d'avoir si bien galopé parmi les étoiles. C'est qu'ils connaissent parfaitement tous les chemins du ciel...

— Maman, je pourrai mettre deux carottes près de la cheminée ? demande Benoît en soupirant.

La nuit de Noël est arrivée...
Benoît a mis ses souliers devant la cheminée et, près du sapin, il laisse une petite lampe allumée. Il faut que le Père Noël puisse lire sa lettre de commande... Pour qu'il n'oublie rien !

Cher Père Noël,
J'aimerais avoir un vélo de cross pour grimper sur la dune,
et un jeu électronique comme celui que j'ai vu à la télévision
et dans le catalogue Mon Enfance,
et un piano mécanique pour faire la fête,
et des disques, parce que mon électrophone les mange tous,
et une boîte à soleil pour que ma petite souris blanche soit au chaud quand il pleut.
Merci, Père Noël !
Benoît.

Benoît rêve... Quelle histoire ! Et puisque c'est une véritable histoire, ça doit être un vrai Père Noël...

300, rue Léon-Joulin 31101 Toulouse Cedex 100

Loi 49.956 du 16.07.1949
Dépôt légal : 4e trimestre 1990
ISBN : 2.86726623.8
Imprimé en Belgique par Casterman, S.A., Tournai.